Erfolgreicher Übertritt

von der Grundschule

zur Weiterführenden Schule

Altersklasse: 9 – 13 Jahre

Geeignet für die Klassenstufen: 3 – 6
2. Auflage

Aribert Böhme
Psychologische Beratung & Lerncoaching

Impressum

Alle Rechte liegen beim Autor
Düsseldorf, im Herbst 2024
E-Mail: Psychologische_Beratung_Boehme@gmx.de
© 2024 Aribert Böhme
Verlag: BoD · Books on Demand GmbH, In de Tarpen 42, 22848 Norderstedt
Druck: Libri Plureos GmbH, Friedensallee 273, 22763 Hamburg
ISBN: 978-3-7597-2312-3
2. Auflage

Bibliografische Information der Deutschen Nationalbibliothek

Die Deutsche Nationalbibliothek verzeichnet diese Publikation in der Deutschen Nationalbibliografie; detaillierte bibliografische Daten sind im Internet über http://dnb.d-nb.de abrufbar.

Vorwort

Eine der oftmals besonders herausfordernden Phasen im Leben vieler Kinder ist darin zu erkennen, einen möglichst geschmeidigen, erfolgreichen sowie zielführenden Übertritt von einer Grundschule zu einer dann Weiterführenden Schule zu schaffen.

Die Erwartungshaltungen, die an Kinder gestellt werden, überfordern oftmals sowohl die betroffenen Kinder, als auch deren Eltern.

Mögliche Gründe dafür gibt es deren viele: Unzureichender Unterricht, teils extrem unterschiedliche Rahmenbedingungen hinsichtlich der jeweiligen Bildungsumgebung in den Elternhäusern, pädagogische Defizite, fehlende Motivation, unstrukturierte Tagesabläufe, Fehleinschätzungen hinsichtlich objektiv vorhandenem Leistungsvermögen u. e. m.

Oftmals ist zu beobachten, dass nicht wenigen Kindern beim Übertritt in Weiterführende Schulen (z. B. Realschulen, Gymnasien usw.) elementare sowie unverzichtbare Voraussetzungen fehlen, um einen erfolgreichen Weg auf Weiterführenden Schulen gehen zu können.

Fachliche Defizite sowie fehlende Lernstrategien führen nicht selten dazu, dass sich der Übertritt von einer Grundschule zu einer Weiterführenden Schule für nicht wenige Kinder als eine sehr belastende Herausforderung darstellt, mit der sowohl die betroffenen Kinder, als auch deren Eltern oftmals erkennbar überfordert sind.

Das hier vorliegende Buch möchte engagierten und lernwilligen Schüler*innen (primär geeignet für die Klassenstufen 3 bis 6) die Möglichkeit geben, typische Aufgaben des Fachbereichs Mathematik) zu bearbeiten, um somit einen möglichst aussagekräftigen Eindruck des eigenen Leistungsvermögens zu bekommen, der auch und vor allem für die Klassenstufen 3 bis 6 von besonderer Bedeutung ist.

Die einzelnen Kapitel in diesem Buch sind inhaltlich bewusst so konzipiert, dass es einerseits Aufgaben gibt, die primär die Klassenstufen 3 und 4 aus dem Grundschulbereich betreffen; anderseits vor allem Aufgaben angeboten werden, die typisch für die Klassenstufen 5 und 6 Weiterführender Schulen (z. B. Realschulen und Gymnasien) sind.

Somit kann dieses Buch in mehrfacher Hinsicht sowohl für Schüler*innen der oberen Klassen im Grundschulbereich, als auch für Schüler*innen der ersten beiden Jahrgangsstufen Weiterführender Schulen genutzt werden.

Schüler*innen aus dem Grundschulbereich erhalten die Möglichkeit zu prüfen, ob bzw. inwieweit sie typische Aufgaben des Fachbereichs Mathematik der Klassenstufen 3 und 4 lösen können? Zudem wird ihnen schon aufgezeigt, welche Aufgabentypen dann in den Jahrgangsstufen 5 und 6 einer Weiterführenden Schule behandelt werden, sodass sie sich ggf. schon ein wenig darauf vorbereiten können.

Schüler*innen der Jahrgangsstufen 5 und 6 einer Weiterführenden Schule bekommen die Möglichkeit typische Übungsaufgaben zu bearbeiten, die im Fachbereich Mathematik auf dem Stundenplan stehen. Zudem können elementare Kompetenzen, die primär dem Grundschulbereich zuzuordnen sind, nachgearbeitet werden, um somit eine solide Grundlage für mathematische Themenfelder zu schaffen, wie sie im weiteren Verlauf des Mathematikunterrichts als gekonnt vorausgesetzt werden.

Zentrales Ziel dieses Buches ist es die bedeutsame Schnittstelle zwischen dem Grundschulbereich und der sich anschließenden Phase zum erfolgreichen Besuch einer Weiterführenden Schule zu ebnen, sodass den Schüler*innen ein möglichst geschmeidiger, sinnvoller sowie zielführender, möglichst problemloser und zielsicherer Übergang errmöglicht wird.

Dieses Buch versteht sich ausdrücklich <u>nicht</u> als „Lehrbuch". Vielmehr geht es darum einen multiplen Nutzen aus der Bearbeitung der vielfältigen Aufgaben ziehen zu können. Grundschüler*innen können überprüfen, ob sie wichtige Grundlagen des Mathematikunterrichts sicher beherrschen, die vor allem in den Klassenstufen 3 und 4 gelehrt werden. Zudem können Grundschüler*innen, die nach einem erfolgreichen Abschluss der 4. Klasse einer Grundschule eine Weiterführende Schule besuchen, einen ersten Eindruck davon bekommen, welche zentralen Themen im Fachbereich Mathematik während der ersten Klassenstufen auf einer Weiterführenden Schule behandelt werden.

Schüler*innen der Klassenstufen 5 und 6 können einerseits prüfen, ob sie wesentliche Themenfelder, die während der ersten Jahre auf einer Weiterführenden Schule gelehrt werden, sicher beherrschen. Zudem können sie überprüfen, ob sie möglicherweise noch thematische Lücken aufweisen, die mitunter bis in den Grundschulbereich zurückreichen. Somit können ggf. noch fehlende Kompetenzen aufgespürt bzw. systematisch aufgearbeitet werden.

Schüler*innen, die bei der Bearbeitung der in diesem Buch angebotenen Übungsaufgaben ggf. noch größere Verständnisschwierigkeiten haben, sollten die betreffenden Themenfelder zunächst systematisch nacharbeiten, indem sie beispielsweise entweder ein dafür geeignetes Lehrbuch verwenden, oder indem sie sich die bis dahin fehlenden Kompetenzen mittels vielfach im Internet vorhandener Lehrvideos aneignen.

Kurz: Somit möchte das hier vorliegende Buch primär <u>kein mathematisches Lehrbuch</u> sein, sondern vielmehr ein solches, das dabei hilft, den eigenen Kenntnisstand hinsichtlich der in den Klassenstufen 3 bis 6 wichtigen Themen im Fachbereich Mathematik zu überprüfen.

Wie kannst du nun mit diesem Trainingsbuch sinnvoll arbeiten?

Liebe Schülerin, lieber Schüler,

herzlichen Glückwunsch zum Erwerb dieses Trainingsbuchs, das Dir dabei helfen kann Deinen Kenntnisstand im Fachbereich MATHEMATIK zu überprüfen.

Als Schüler*in einer Grundschule (hauptsächlich in de Klassenstufen 3 und 4) bietet Dir dieses Trainingsbuch vielfältige Übungsaufgaben zu wichtigen Themen, die vor allem während der Klassenstufen 3 und 4 gelehrt bzw. geübt werden.

Falls Du bei der Bearbeitung einiger Übungsaufgaben deutliche Verständnisschwierigkeiten haben solltest, die Du auch nach einem intensiven und sorgfältigen Nachdenken nicht lösen kannst, solltest Du die betreffenden Themenbereiche möglichst zeitnah nacharbeiten.

Warum ist es empfehlenswert, dass Du festgestellte Verständnisprobleme möglichst bald klärst? Nun, das ist vor allem deshalb sehr wichtig, weil sehr viele Themen im Fachbereich MATHEMATIK im weiteren Verlauf Deiner Schulzeit systematisch aufeinander aufbauen. Verständnisprobleme, die sich zuweilen schon während Deiner Grundschulzeit zeigen, führen erfahrungsgemäß schon recht bald auf Weiterführenden Schulen (z. B. Realschulen und / oder Gymnasien) zu größeren Problemen, die dann um so schwieriger zu lösen sein werden.

Von daher gebe ich Dir den dringenden Rat: Verständnisprobleme bei bestimmten Themen zu haben, ist völlig normal, und zunächst auch kein Grund zur Sorge. Schwierig wird es zumeist nur dann, wenn Du mögliche Schwierigkeiten ignorierst. Dann nämlich musst Du damit rechnen, dass sich erkannte Schwierigkeiten im Laufe der Zeit zu immer größeren Problemen auswachsen, die sich beim

Überschreiten eines kritischen Punktes kaum bzw. nur noch mit erheblicher Anstrengung beseitigen lassen.

Beachte den wichtigen Merkspruch, der übrigens für sehr viele Situationen während des ganzen Lebens gilt:

Wehret den Anfängen!

Bildlich kannst Du es Dir so vorstellen:

Ein zunächst kleiner Schneeball (hier: Sinnbild für ein zunächst eher kleines Problem im Fachbereich MATHEMATIK) wird größer und größer, wenn Du ihn einen schneebedeckten Hang hinunterrollen lässt. Irgendwann wird sich der ursprünglich kleine Schneeball in eine Lawine verwandelt haben, die kaum mehr aufzuhalten sein wird. Hättest Du den zunächst kleinen Schneeball schon in einer sehr frühen Phase gestoppt, hätte er sich erst gar nicht zu einem riesigen Schneeball oder zu einer Lawine aufblähen können.

Ganz ähnlich verhält es sich mit Problemen, die z. B. im Fachbereich MATHEMATIK auftreten können. Wenn Du also an der einen oder anderen Stelle merkst, dass Du Verständnisprobleme bei bestimmten mathematischen Themen hast, dann wäre es wichtig, dass Du Dich darum bemühst, diese nicht zu ignorieren, sondern vielmehr schnellstmöglich um Hilfe zu bitten. Das können z. B. Deine Eltern, ältere Geschwister oder natürlich Deine Lehrer*innen sein.

Wenn Du als Schüler*in einer Weiterführenden Schule (vor allem während der Klassen 5 und 6) feststellst, dass Du bei der Bearbeitung der hier in diesem Trainingsbuch angebotenen Übungsaufgaben deutliche Probleme haben solltest, dann wäre das ein Zeichen dafür, dass Du die betreffenden Themenfelder entweder noch nicht, oder womöglich nicht mehr so sicher beherrschst, wie es für diese Klassenstufen vorausgesetzt wird.

In solchen Fällen solltest Du die betreffenden Themen möglichst bald nacharbeiten, damit Du den Anschluss nicht verlierst.

Hilfreich könnte es auch sein, dass Du zunächst die Aufgaben bearbeitest, die vor allem für Schüler*innen aus dem Grundschulbereich geeignet sind. Warum? Oftmals zeigt sich nämlich, dass Verständnisprobleme, die gehäuft während der Klassenstufen 5 und 6 auftreten, ursächlich darauf zurückzuführen sind, dass bereits wichtige Themen aus dem Elementarbereich nicht bzw. nur unzureichend beherrscht werden.

Hilfestellungen gibt es deren viele:

- *Mathematiklehrer*in um Hilfe bitten*
- *Eltern um Rat fragen*
- *Mathematik-Lehrbuch sorgsam bearbeiten*
- *Pädagogisch wertvolle Lehrvideos anschauen*
  Nachhilfelehrer*in um Hilfe bitten

Ganz gleich, welche Hilfestellung Du für Dich wählst, wichtig ist vor allem, dass Du erkannte Probleme nicht ignorierst, sondern, dass Du Dich möglichst um eine schnelle und zielführende Abhilfe bemühst.

Und nun kann es richtig losgehen...

Ich wünsche Dir ganz viel Freude beim Bearbeiten der vielen Übungsaufgaben sowie nicht zuletzt auch viele Erfolgserlebnisse, die Dich dazu ermutigen, fleißig und konsequent dem Mathematikunterricht zu folgen, der in Deiner Schule angeboten wird.

Bedenke: Mathematik umgibt Dich in Deinem Leben auf Schritt und Tritt. Oftmals auch in Situationen, bei denen Du es zunächst nicht vermutet hättest.

Aufbruch zum Lernen! JETZT!

Der Autor:

Aribert Böhme, Freiberufler seit 1988, bietet Dienstleistungen in folgenden Bereichen:

- **Psychologische Beratung (Lernpsychologie, Familienpsychologie, Lebensberatung)**
- **Lerncoaching (Fernlehrgänge z. B.: SGD, ILS in den Fachbereichen Psychologische Beratung, Psychotherapie für Heilpraktiker usw.)**
- **Implementierung von Texten für Sachbücher in den Bereichen: Lernpsychologie, Psychologie, Pädagogik, EDV, Gesellschaft, Lebensweisheiten**
- **Coaching für Seniorinnen & Senioren (z. B. Gedächtnistraining)**

Im Rahmen seiner freiberuflichen Dozententätigkeit hat der Autor bis dato (2024) ca. 9000 TeilnehmerInnen im Fachbereich EDV bei diversen, namhaften Instituten unterrichtet. In seiner Funktion als Psychologischer Berater (SGD-Dipl.) bietet der Autor regelmäßig Klientensitzungen vor Ort für hilfesuchende Menschen in den Bereichen: Lebensberatung, Konfliktberatung, Familienpsychologie, Schulpsychologie sowie Lernpsychologie, an.

Bis dato (2024) hat der Autor 36 Titel im thematischen Umfeld von EDV, Lernpsychologie, Pädagogik, Gesellschaftskritik, Lebensweisheiten sowie drei Romane und ein Kinderbuch unter Pseudonym publiziert (inkl. einiger Auslandslizenzen für Frankreich, Polen und Russland). Zudem erfolgten Veröffentlichungen in namhaften Tageszeitungen (FAZ, Süddeutsche Zeitung, Rheinische Post usw.).

Seminare und Vorträge zu den Themen Motivationscoaching, Lernpsychologie, Lerntechniken, bietet der Autor sowohl als Firmenschulungen, wie auch als Privatseminare vor Ort an. Anfragen bitte grundsätzlich per E-Mail an:

Psychologische_Beratung_Boehme@gmx.de

Im Rahmen der Implementierung des vom Autor entwickelten NEURONET 2.0 im Umfeld der Neuroinformatik, mit dessen Hilfe Prognosen für Sportwetten erstellt werden können, erfolgte in den Jahren 2001 und 2002 eine ehrenvolle Aufnahme in die Who-is-Who-Lexika, Deutschland & Europa.

Düsseldorf, im Herbst 2024

Zahlenraum bis 1.000.000

A1   Addition

A2   Subtraktion

A3   Multiplikation

A4   Division

A5   Lücken füllen bei der Addition

A6   Lücken füllen bei der Subtraktion

A7   Lücken füllen bei der Multiplikation

A8   Lücken füllen bei der Division

A9   Geometrische Flächen

A10   Geometrische Körper

A11   Maßeinheiten

A12   Textaufgaben

B1   Zahlensysteme (Dezimalsystem, Dualsystem, Römisches Zahlensystem)

B2   Quadratzahlen

B3   ggT und kgV

B4   Primzahlen

B5   Zahlenmengen (Natürliche Zahlen, Ganze Zahlen, Rationale Zahlen, Reelle Zahlen)

B6   Geometrie: Flächen & Körper

B7   Dreisatz

B8   Kubikzahlen

B9   Zahlen vergleichen (nach Größe ordnen)

B10   Zahlen auf- abrunden

B11   Zahlenrätsel

B12   Wichtige Rechenregeln (z. B. Punkt vor Strichrechnung)

B13   Mit Maßstäben rechnen

B14   Textaufgaben

A1   Addition

Die nachfolgenden Aufgaben sind wie folgt zu bearbeiten:

Schreib' zunächst die jeweils genannten Summanden sorgfältig
untereinander, und achte dabei unbedingt darauf, dass Du die jeweiligen
Stellenwerte (Einer, Zehner, Hunderter usw.) spaltengerecht aufschreibst,
damit auch mögliche Überträge korrekt berechnet werden.

Beispiel:

Angenommen, die Additionsaufgabe lautet: 18 + 26 + 34 = ?

Dann solltest Du diese zu berechnenden Zahlen wie folgt aufschreiben:

```
    18
    26
    34
     1
   ------
    78
   ====
```

---

a)   23 + 44 + 71 = ?

b)   46 + 89 + 15 = ?

c)   33 + 76 + 25 = ?

d)   48 + 87 + 11 = ?

e)   66 + 19 + 26 = ?

f)   75 + 65 + 20 = ?

g)   57 + 41 + 92 = ?

h)   39 + 16 + 94 = ?

i)   82 + 55 + 28 = ?

j)   87 + 44 + 22 = ?

k)   76 + 22 + 95 = ?

l)   92 + 91 + 90 = ?

m)   29 + 44 + 71 = ?

n)   124 + 349 + 299 = ?

o)   287 + 109 + 455 = ?

p)   555 + 111 + 187 = ?

q)   265 + 188 + 307 = ?

r)   202 + 177 + 441 = ?

s)   188 + 211 + 377 = ?

t)   277 + 166 + 333 = ?

u)   108 + 106 + 104 = ?

v)   322 + 167 + 199 = ?

w)   276 + 365 + 166 = ?

x)   204 + 611 + 111 = ?

y)   707 + 108 + 113 = ?

z)   264 + 333 + 177 = ?

A2   Subtraktion

Die nachfolgenden Aufgaben sind wie folgt zu bearbeiten:

Schreib' zunächst die jeweils genannten Minuenden sowie Subtrahenden sorgfältig untereinander, und achte dabei unbedingt darauf, dass Du die jeweiligen Stellenwerte (Einer, Zehner, Hunderter usw.) spaltengerecht aufschreibst, damit auch mögliche Überträge korrekt berechnet werden.

Beispiel:

Angenommen, die Subtraktionsaufgabe lautet: $87 - 59 = ?$

```
    87
 -  59
     1
  ----
    28
  ====
```

****

a) $84 - 25 = ?$

b) $67 - 44 = ?$

c) $98 - 69 = ?$

d) $80 - 54 = ?$

e) $87 - 57 = ?$

f) $39 - 24 = ?$

g) $49 - 27 = ?$

h)   71 – 29 = ?

i)   98 – 66 = ?

j)   66 – 33 = ?

k)   55 – 19 = ?

l)   27 – 18 = ?

m)   47 – 29 = ?

n)   765 – 388 = ?

o)   546 – 299 = ?

p)   887 – 666 = ?

q)   209 – 177 = ?

r)   933 – 805 = ?

s)   449 – 118 = ?

t)   655 – 222 = ?

u)   909 – 377 = ?

v)   533 – 288 = ?

w)   987 – 654 = ?

x)   357 – 116 = ?

y)   999 – 477 = ?

z)   1000 – 432 = ?

A3   Multiplikation

Die nachfolgenden Aufgaben sind wie folgt zu bearbeiten:

Schreib' zunächst die jeweils genannten Faktoren sorgfältig nebeneinander.
Bearbeite die Aufgabe dann auf dem Weg einer schriftlichen Multiplikation.
Achte dabei unbedingt darauf, dass Du die jeweiligen Stellenwerte (Einer,
Zehner, Hunderter usw.) spaltengerecht aufschreibst, damit auch mögliche
Überträge korrekt berechnet werden.

Beispiel:

Angenommen, die Multiplikationsaufgabe lautet: 34 * 47

```
      34 * 47
      ---------
       136
       238
      ---------
       1598
      =====
```

---

a)   12 * 32

b)   13 * 27

c)   21 * 24

d)   19 * 32

e)   23 * 23

f)   36 * 14

g)   24 * 26

h)   17 * 24

i)   22 * 33

j)   28 * 16

k)   30 * 29

l)   26 * 25

m)   42 * 12

n)   345 * 876

o)   298 * 645

p)   388 * 433

q)   874 * 993

r)   208 * 303

s)   377 * 766

t)   888 * 299

u)   602 * 334

v)   298 * 775

w)   199 * 911

x)   777 * 666

y)   385 * 583

z)   1000 * 1000

A4 Division

Die nachfolgenden Aufgaben sind wie folgt zu bearbeiten:

Schreib' zunächst die jeweils genannten Dividenden sowie die Divisoren sorgfältig nebeneinander. Bearbeite die Aufgabe dann auf dem Weg einer schriftlichen Division, um herauszufinden, wie der zu berechnende Quotient lautet. Achte dabei unbedingt darauf, dass Du die jeweiligen Stellenwerte (Einer, Zehner, Hunderter usw.) spaltengerecht aufschreibst, damit auch mögliche Überträge korrekt berechnet werden.

Beispiel:

Angenommen, die Divisionsaufgabe lautet: 468 : 18 = ?

```
468 : 18 = 26
36
---
108
108
----
  0
```

---

a)   308 : 14 = ?

b)   483 : 23 = ?

c)   450 : 18 = ?

d)   726 : 33 = ?

e)   418 : 22 = ?

f)   572 : 26 = ?

g)   899 : 31 = ?

h)   999 : 37 = ?

i)   875 : 35 = ?

j)   864 : 36 = ?

k)   897 : 39 = ?

l)   861 : 41 = ?

m)   780 : 30 = ?

n)   225536 : 881 = ?

o)   369954 : 558 = ?

p)   117648 : 456 = ?

q)   119727 : 159 = ?

r)   194274 : 753 = ?

s)   133027 : 137 = ?

t)   141561 : 147 = ?

u)   208116 : 846 = ?

v)   89780 : 335 = ?

w)   484094 : 559 = ?

x)   998001 : 999 = ?

y)   75258 : 333 = ?

z)   1000000 : 1000 = ?

A5 Lücken füllen bei der Addition

Die nachfolgenden Aufgaben sind wie folgt zu bearbeiten:

Fülle die Lücken mit den korrekten Summanden, sodass jeweils das richtige Ergebnis (Summe) entsteht.

Beispiel: Angenommen, die Aufgabe lautet:
$25 + \underline{\quad} = 79$

Dann müsstest Du den Summanden 54 in die Lücke eintragen, sodass die korrekte Gleichung lautet:
$25 + 54 = 79$

Benutze diese Aufgaben auch zur Stärkung Deiner Fähigkeiten im Kopfrechnen, indem Du die Zahlen, die in die Lücken eingetragen werden müssen, nicht schriftlich ermittelst, sondern ausschließlich per Kopfrechnen.

a) $16 + \underline{\quad} = 49$

b) $21 + \underline{\quad} = 76$

c) $33 + \underline{\quad} = 87$

d) $41 + \underline{\quad} = 55$

e) $65 + \underline{\quad} = 99$

f) $11 + \underline{\quad} = 77$

g) $20 + \underline{\quad} = 51$

h) $39 + \underline{\quad} = 80$

i) $67 + \underline{} = 70$

j) $26 + \underline{} = 89$

k) $19 + \underline{} = 55$

l) $32 + \underline{} = 91$

m) $87 + \underline{} = 98$

n) $236 + \underline{} = 765$

o) $449 + \underline{} = 674$

p) $513 + \underline{} = 987$

q) $876 + \underline{} = 945$

r) $1325 + \underline{} = 3765$

s) $2777 + \underline{} = 7321$

t) $3866 + \underline{} = 4118$

u) $12577 + \underline{} = 22876$

v) $23999 + \underline{} = 31861$

w) $176442 + \underline{} = 386441$

x) $642218 + \underline{} = 770222$

y) $423789 + \underline{} = 555555$

z) $810000 + \underline{} = 1000000$

A6 Lücken füllen bei der Subtraktion

Die nachfolgenden Aufgaben sind wie folgt zu bearbeiten:

Fülle die Lücken mit den korrekten Subtrahenden, sodass jeweils das richtige Ergebnis (Differenz) entsteht.

Beispiel: Angenommen, die Aufgabe lautet:
$82 - \underline{} = 43$

Dann müsstest Du den Subtrahenden 39 in die Lücke eintragen, sodass die korrekte Gleichung lautet:
$82 - 39 = 43$

Benutze diese Aufgaben auch zur Stärkung Deiner Fähigkeiten im Kopfrechnen, indem Du die Zahlen, die in die Lücken eingetragen werden müssen, nicht schriftlich ermittelst, sondern ausschließlich per Kopfrechnen.

a) $76 - \underline{} = 44$

b) $57 - \underline{} = 36$

c) $49 - \underline{} = 26$

d) $55 - \underline{} = 18$

e) $88 - \underline{} = 44$

f) $90 - \underline{} = 65$

g) $51 - \underline{} = 17$

h) $75 - \underline{} = 50$

i)   82 - ___ = 19

j)   41 - ___ = 30

k)   29 - ___ = 12

l)   87 - ___ = 70

m)   99 - ___ = 22

n)   287 - ___ = 111

o)   643 - ___ = 499

p)   766 - ___ = 600

q)   855 - ___ = 188

r)   1655 - ____ = 1111

s)   3309 - ____ = 2880

t)   4422 - ____ = 1866

u)   63345 - _____ = 22999

v)   77722 - _____ = 51400

w)   784532 - _____ = 532987

x)   864087 - _____ = 287456

y)   999999 - _____ = 330033

z)   1000000 - _____ = 425800

A7 Lücken füllen bei der Multiplikation

Die nachfolgenden Aufgaben sind wie folgt zu bearbeiten:

Fülle die Lücken mit den korrekten Faktoren, sodass jeweils die richtigen Ergebnisse (Produkte) entstehen.

Beispiel: Angenommen, die Aufgabe lautet:
$$7 * \underline{\quad} = 56$$

Dann müsstest Du den Faktor 8 in die Lücke eintragen, sodass die korrekte Gleichung lautet:

$$7 * 8 = 56$$

Hinweis: Bei allen Aufgaben, bei denen das Ergebnis maximal 400 ist, solltest Du bitte versuchen die Faktoren per Kopfrechnen zu ermitteln. Aufgaben, deren Ergebnis (Produkt) größer ist als 400, dürfen auch schriftlich berechnet werden.

==

a) $9 * \underline{\quad} = 72$

b) $7 * \underline{\quad} = 42$

c) $5 * \underline{\quad} = 45$

d) $3 * \underline{\quad} = 18$

e) $8 * \underline{\quad} = 48$

f) $4 * \underline{\quad} = 36$

g) $6 * \underline{\quad} = 54$

h) $2 * \underline{\quad} = 18$

i)   12 * ___ = 96

j)   13 * ___ = 65

k)   18 * ___ = 90

l)   17 * ___ = 68

m)   19 * ___ = 114

n)   20 * ___ = 160

o)   15 * ___ = 180

p)   22 * ___ = 242

q)   35 * ___ = 420

r)   45 * ___ = 900

s)   100 * ___ = 1200

t)   220 * ___ = 6600

u)   500 * ___ = 20000

v)   750 * ___ = 75000

w)   1010 * ___ = 101000

x)   2500 * ___ = 500000

y)   3000 * ___ = 750000

z)   10000 * ___ = 1000000

A8   Lücken füllen bei der Division

Die nachfolgenden Aufgaben sind wie folgt zu bearbeiten:

Fülle die Lücken mit den korrekten Divisoren, sodass die jeweils richtigen Ergebnisse (Quotienten) entstehen.

Beispiel: Angenommen, die Aufgabe lautet:

$75 : \underline{} = 15$

Dann müsstest Du den Divisor 5 in die Lücke eintragen, sodass die korrekte Gleichung lautet:

$75 : 5 = 15$

Hinweis: Bemühe Dich zunächst bitte darum, dass Du die korrekten Divisoren per Kopfrechnen ermittelst. Sollte Dir das bei einigen Aufgaben nicht gelingen, darfst Du auch ein Dir bekanntes, schriftliches Rechenverfahren anwenden.

==

a) $80 : \underline{} = 16$

b) $49 : \underline{} = 7$

c) $64 : \underline{} = 8$

d) $72 : \underline{} = 9$

e) $91 : \underline{} = 13$

f)   56 : ___ = 8

g)   77 : ___ = 7

h)   95 : ___ = 19

i)   144 : ___ = 12

j)   169 : ___ = 13

k)   256 : ___ = 32

l)   1024 : ___ = 256

m)   8192 : ___ = 1024

n)   20000 : ___ = 1000

o)   45045 : ___ = 5005

p)   100200 : ___ = 25050

q)   500000 : ___ = 50000

r)   750000 : ___ = 3000

s)   820000 : ___ = 205000

t)   999999 : ___ = 3003

u)   1000000 : ___ = 200000

v)   1000000 : ___ = 100000

w)   1000000 : ___ = 125000

x)   1000000 : ___ = 50000

y)   1000000 : ___ = 20000

z)   1000000 : ___ = 10000

A9   Geometrische Flächen

Entscheide, welche der folgenden Aussagen wahr oder falsch sind?

a)   Ein Quadrat hat vier gleich lange Kanten.

b)   Jedes Viereck ist zugleich ein Quadrat.

c)   Die Kanten bei einem Quadrat werden mit dem Buchstaben „a"
         bezeichnet.

d)   Ein Rechteck hat jeweils gegenüberliegende Seiten, die gleich lang
         sind.

e)   Der Abstand vom Kreismittelpunkt zu jedem beliebigen Punkt auf
         dem Kreisrand ist gleich lang.

f)   Die Anzahl der Ecken in einem Quadrat und einem Rechteck ist
         grundsätzlich gleich.

f)   Der Umfang eines Quadrates ergibt sich aus dem Vierfachen einer
         Kantenlänge „a".

g)   Die Fläche eines Rechtecks ergibt sich aus der Multiplikation der
         Kantenlänge „a" und der Kantenlänge „b".

h)   Ein Quadrat mit einer Kantenlänge „a" hat eine Fläche, die sich
         aus der Multiplikation von „a" mal „a" ergibt.

i)   Die beiden kurzen Kantenlängen „b" bei einem Rechteck sind
         grundsätzlich halb so lang wie die längeren Kanten „a".

j)   Ein Rechteck, dessen Kantenlänge „a" gleich 5 cm ist, hat einen
         Umfang von 16 cm. Demnach beträgt die Kantenlänge „b" 2 cm.

A10   Geometrische Körper

Entscheide, welche der folgenden Aussagen wahr oder falsch sind?

a)   Ein Würfel hat acht gleich große Flächen.

b)   Ein Quader hat 12 Kanten.

c)   Ein Würfel hat acht Ecken.

d)   Ein Quader hat doppelt so viele Ecken wie ein Würfel.

e)   Bei einem Quader sind die jeweils gegenüberliegenden Flächen
     gleich groß.

f)   Die Oberfläche jedes Quaders ist grundsätzlich doppelt so groß
     wie die Oberfläche eines Würfels.

g)   Eine Pyramide hat fünf Ecken.

h)   Ein Würfel, dessen Kantenlänge „a" = 4 cm beträgt, hat eine
     Gesamtkantenlänge von 48 cm.

i)   Der Abstand vom Mittelpunkt einer Kugel zu jedem beliebigen
     Punkt auf deren Oberfläche ist grundsätzlich gleich groß.

j)   Das Volumen eines Quaders wird berechnet, indem Du die
     Kantenlängen von „a" und „b" und „c" miteinander multiplizierst.

k)   Ein Würfel mit einer Kantenlänge „a" = 5 cm hat eine Oberfläche
     von insgesamt 200 cm².

l)   Ein Turm, der aus insgesamt 10 übereinander gestapelten Würfeln
     mit einer jeweiligen Kantenlänge „a" = 4 cm besteht, hat eine Höhe
     von 40 cm.

A11   Maßeinheiten

Rechne in die jeweils korrekten Maßeinheiten um:

a)   50 cm = _____ mm

b)   3 m = _____ cm

c)   4 km = _____ m

d)   20 mm = _____ cm

e)   1000 cm = _____ m

f)   100 mm = _____ cm

g)   2000 m = _____ km

h)   5 dm = _____ cm

i)   20 dm = _____ m

j)   1000 g = _____ kg

k)   5 kg = _____ g

l)   2000 kg = _____ t

m)   5 t = _____ kg

n)   1 h = _____ min.

o)   3 min. = _____ sec.

p)   1 d = _____ h

q)   240 sec. = _____ min.

r)   60 min. = _____ h

s)   40 min. = _____ sec.

t)   24 h = _____ sec.

u)   7200 sec. = _____ min.

v)   7 d = _____ h

w)   1 Woche = _____ Tage (d)

x)   1 Jahr = _____ Monate

y)   2 Wochen = _____ Stunden (h)

z)   1 Jahr (nicht Schaltjahr!) = _____ Stunden (h)

A12   Textaufgaben

a)   Melanie bekommt von ihrer Mutter folgenden Einkaufszettel:

1 Brot, 2 Tüten Milch, 1 Sack Kartoffeln, 2 Flaschen Wasser,

1 kg Äpfel, 1 Tüte Zucker, 2 Stück Butter.

Für den Einkauf gibt ihr die Mutter einen 50 €-Schein mit.

Die Preise im Supermarkt lauten:

1 Brot	:	3,95 €
1 Tüte Milch	:	1,25 €
1 Sack Kartoffeln	:	4,99 €
1 Flasche Wasser	:	0,99 €
1 kg Äpfel	:	2,99 €
1 Tüte Zucker	:	1,59 €
1 Stück Butter	:	2,19 €

Berechne:

a1)   Die Gesamtkosten für diesen Einkauf.

a2)   Das Rückgeld, das Melanie an der Kasse erhält.

b)   Das Auto von Eriks Eltern hat ein Leergewicht von 1500 kg.

Das maximale Gesamtgewicht darf 2000 kg betragen.

Erik wiegt 42 kg. Eriks Vater hat ein Gewicht von 81 kg. Eriks

Mutter wiegt 67 kg. *Berechne*: Wie viele kg darf das Gepäck

maximal wiegen, damit das zulässige Gesamtgewicht nicht

überschritten wird?

c) Sandra möchte für ein neues Fahrrad sparen, das sie sich schon seit langer Zeit sehnlichst wünscht. Der Kaufpreis beträgt 950 €. In ihrem Sparschwein hat Sandra bereits 350 € gesammelt. Von ihren Großeltern bekommt sie 150 € geschenkt. Den fehlenden Restbetrag möchte Sandra verdienen, indem Sie sich etwas Taschengeld durch Babysitten erwirtschaftet. Für jede Stunde Babysitten erhält Sandra neun Euro. Berechne: Wie viele Stunden muss Sandra Babysitten, damit sie den noch fehlenden Restbetrag zum Kauf des Fahrrads angespart haben wird?

d) Tobias beginnt eine Tageswanderung um 8:00 Uhr. Zunächst geht er 150 Minuten seinem Ziel entgegen. Nun macht er 15 Minuten Pause. Anschließend geht er weitere zwei Stunden seinem Ziel entgegen. An einem schönen Aussichtspunkt pausiert er für insgesamt 45 Minuten. Nun geht er für weitere zwei Stunden dem Ziel entgegen. Es folgt eine letzte Erholungspause von 15 Minuten. Bis zum Ziel sind es nun noch weitere 75 Minuten. Frage: Wann genau kommt Tobias an seinem Ziel an?

B1 Zahlensysteme (Dezimalsystem, Dualsystem, Römisches Zahlensystem)

Stelle die nachfolgenden Zahlenwerte, die hier zunächst in schriftlicher Form genannt werden, in dem jeweils vorgegebenen Zahlensystem dar.

Beispiel: Angenommen, der Zahlenwert lautet:
„vierhundertundfünfundzwanzig"
Dieser Zahlenwert soll nun als Dezimalzahl dargestellt werden. Dann wäre hier die korrekte Lösung: ***425***.

Falls dieser Zahlenwert als Dualzahl dargestellt werden soll, dann lautet die Lösung: ***110101001***

Falls dieser Zahlenwert als Römische Zahl abgebildet werden soll, dann lautet die Lösung: ***CDXXV***

Hinweis: Für den Fall, dass Dir die einzelnen Zahlensysteme nicht mehr bekannt sein sollten, informiere Dich zunächst in Deinem Mathematik-Lehrbuch, oder schaue Dir dazu geeignete Erklärvideos im Internet an, die es dort in großer Anzahl gibt.

Teil 1: **Umwandlung in Dezimalzahlen**

a) siebentausenddreihundertsechsundvierzig

b) fünfundneunzigtausend

c) sechshundertundacht

d) dreihundertdreiunddreißig

e) fünfhundertsechstausendundsiebenundachtzig

f) eintausendundvierundzwanzig

Teil 2   Umwandlung in Dualzahlen

g)   fünfundsechszig

h)   einhundertundzwanzig

i)   neunhundertundneunundneunzig

j)   sechsundzwanzig

k)   zweihundertfünfundfünzig

l)   neunundachtzig

Teil 3   Umwandlung in Römische Zahlen

m)   zwölf

n)   sechsunddreißig

o)   zweihundertundfünf

p)   vierhundertundneunzig

q)   zweitausend

r)   viertausenddreihundertundfünf

B2 Quadratzahlen

Wie lauten die zugehörigen Quadratzahlen der nachfolgend genannten
Ausgangszahlen?

Beispiel: Angenommen, es soll die Quadratzahl der Ausgangszahl 3
ermittelt werden. Dann lautet die zugehörige Quadratzahl 9.

Zur Erinnerung: Die Quadratzahl einer gegebenen Zahl
wird ermittelt, indem Du die Ausgangszahl mit sich selbst
multiplizierst. Hier: $3 * 3 = 9$. (Kurz: $3^2 = 9$).

a)   8

b)   15

c)   5

d)   10

e)   18

f)   4

g)   20

h)   7

i)   13

j)   12

k)   6

l)   16

m)   17

n)   9

o)   14

p)   19

q)   1

r)   11

s)   2

B3   ggT und kgV

Nachfolgend soll jeweils der ggT (größter, gemeinsamer Teiler) berechnet werden.

a)   ggT (8, 12)

b)   ggT (14, 21)

c)   ggT (16, 96)

d)   ggT (24, 76)

e)   ggT (32, 80)

f)   ggT (26, 69)

g)   ggT (30, 96)

h)   ggT (25, 115)

i)   ggT (46, 69)

j)   ggT (27, 81)

k)   ggT (36, 140)

l)   ggT (17, 578)

m)   ggT (2, 8, 20)

n)   ggT (3, 18, 54)

o)   ggT (6, 24, 72)

p)   ggT (25, 75, 150)

q)   ggT (4, 28, 84)

r)   ggT (21, 56, 84)

s)   ggT (27, 72, 117)

t)   ggT (33, 77, 121)

u)   ggT (36, 60, 96)

v)   ggT (28, 42, 112)

w)   ggT (48, 72, 128)

x)   ggT (38, 95, 209)

y)   ggT (48, 120, 196)

z)   ggT (78, 195, 312)

Nachfolgend soll das kgV (kleinste, gemeinsame Vielfache) berechnet werden.

<table>
<tr><td><u>Zur Erinnerung:</u></td><td>Das kgV von zwei oder mehr Zahlen gibt an, wann es erstmalig zu einer Überschneidung bei deren Multiplikation kommt.</td></tr>
<tr><td></td><td>Angenommen, es soll das kgV der Zahlen (3 und 5) ermittelt werden. Dann begegnen sich die beiden Zahlen 3 und 5 erstmalig bei der Zahl 15.</td></tr>
<tr><td></td><td>Wenn Du beide Multiplikationsreihen aufschreibst, dann lauten diese:
3 – 6 – 9 – 12 – 15 usw.
5 – 10 – 15 usw.
Wie Du siehst, gibt es bei der Zahl 15 erstmalig eine Überschneidung beider Werte, sodass hier das kgV von 3 und 5 demnach 15 lautet.</td></tr>
</table>

a2)   kgV (3, 14)

b2)   kgV (4, 18)

c2)   kgV (6, 21)

d2)   kgV (12, 64)

e2)   kgV (7, 63)

f2)   kgV (6, 52)

g2)   kgV (26, 65)

h2)   kgV (5, 22)

i2)   kgV (9, 171)

j2)   kgV (14, 84)

k2)   kgV (2, 3, 4)

l2)   kgV (2, 5, 7)

m2)   kgV (3, 5, 8)

n2)   kgV (4, 7, 9)

o2)   kgV (3, 5, 6)

p2)   kgV (4, 5, 9)

q2)   kgV (4, 12, 24)

r2)   kgV (3, 7, 12)

s2)   kgV (2, 11, 16)

t2)   kgV (7, 11, 13)

u2)   kgV (3, 6, 13)

v2)   kgV (1, 2, 3, 4)

w2)   kgV (2, 3, 4, 5)

x2)   kgV (2, 4, 6, 8)

y2)   kgV (3, 5, 6, 7)

z2)   kgV (4, 7, 9, 12)

B4   Primzahlen

Finde heraus, welche der folgenden Zahlen zur Klasse der Primzahlen gehören. Entscheide jeweils, ob die genannte Zahl eine Primzahl ist, oder nicht?

Zur Erinnerung: Primzahlen sind Zahlen, die ausschließlich durch 1 oder durch sich selbst (ohne Rest!) geteilt werden können.

==

a)   2 – 7 – 12 – 16 – 23 – 41

b)   3 – 6 – 8 – 11 – 13 – 19

c)   5 – 8 – 10 – 15 – 17 – 29

d)   6 – 12 – 31 – 37 – 39 – 43

e)   14 – 49 – 51 – 53 – 57 – 61

f)   18 – 63 – 69 – 71 – 75 – 91

g)   21 – 27 – 73 – 77 – 81 – 83

h)   101 – 107 – 112 – 116 – 131 – 137

i)   149 – 150 – 151 – 163 - 167 – 170

j)   172 – 173 – 179 – 184 – 191 – 193

k)   208 – 211 – 223 – 227 – 232 – 236

l)   241 – 251 – 258 – 264 – 270 – 271

B5 Zahlenmengen (Natürliche Zahlen, Ganze Zahlen, Rationale Zahlen, Reelle Zahlen)

Entscheide, zu welcher Zahlenmenge die nachfolgend genannten Zahlen gehören?

Beispiel: Angenommen, die Zahl lautet 7.
Somit handelt es sich um eine Zahl aus der Zahlenmenge der *Natürlichen Zahlen*.

==

a)   -8

b)   ½

c)   22

d)   9

e)   ¾

f)   Pi (3,1415926...)

g)   -15

h) $\sqrt{2}$

i)   99

j)   -5

k)   ¼

l)   333

m)   0

n) $\sqrt{64}$

o)   Ordne die nachfolgend genannten Zahlenmengen deren Größe nach. Beginne mit der Zahlenmenge, die die wenigsten Zahlen umfasst.

- Rationale Zahlen *(Q)*

- Natürliche Zahlen *(N bzw. N$_0$)*

- Reelle Zahlen *(R)*

- Ganze Zahlen *(Z)*

p)   Begründe mit eigenen Worten, warum es zwischen zwei beliebigen Natürlichen Zahlen (z. B. zwischen 1 und 2) unendlich viele weitere Zahlen gibt?

B6   Geometrie: Flächen & Körper

Bevor Du im Kapitel B14 verschiedene Textaufgaben bearbeiten kannst, geht es hier zunächst darum, dass Du wichtige Formeln wiederholst, die dann in unterschiedlichen Zusammenhängen bei nachfolgenden Textaufgaben benötigt werden.

a)   Mit welchem Buchstaben werden die Seiten (Kanten) eines Quadrates bezeichnet?

b)   Mit welcher Formel kannst Du den Umfang eines Quadrates berechnen?

c)   Wie berechnest Du den Flächeninhalt eines Quadrates?

d)   Wie werden die Seiten (Kanten) eines Rechtecks bezeichnet?

e)   Mit welcher Formel kannst Du den Umfang eines Rechtecks berechnen?

f)   Wie berechnest Du den Flächeninhalt eines Rechtecks?

g)   Wie berechnest Du den Kreisumfang (U), sofern der Durchmesser (d) bekannt ist?

h)   Wie lautet die Formel für den Radius eines Kreises, sofern dessen Umfang (U) bekannt ist?

i)   Welcher mathematische Zusammenhang besteht zwischen dem Radius (r) und dem Durchmesser (d) eines Kreises?

j) Mit welcher Formel kannst Du die Oberfläche (O) eines Würfels berechnen?

k) Wie berechnest Du die Gesamtkantenlänge eines Würfels?

l) Mit welcher Formel kannst Du den Rauminhalt (Volumen) eines Würfels berechnen?

m) Welche Formel benutzt Du, um die Gesamtkantenlänge eines Quaders zu ermitteln?

n) Wie berechnest Du die Gesamtoberfläche eines Quaders?

o) Wie lässt sich der Rauminhalt (Volumen) eines Quaders berechnen?

B7   Dreisatz

Berechne schriftlich; runde – falls nötig – auf zwei Nachkommastellen.

a)   In einem Supermarkt kosten 2 kg Birnen 4,99 €. Wie viel kosten dann 5 kg Birnen?

b)   Drei Flaschen Limonade kosten 3,75 €. Wie viel kosten dann acht Flaschen Limonade?

c)   Bauer Schmidthuber bearbeitet 2,5 ha seines Feldes an einem Tag. Wie viele ha des Feldes bearbeiten drei Bauern an zwei Tagen?

d)   Zwei Malermeister benötigen acht Tage um die Wände eines Hauses zu streichen. Wie viele Tage benötigen dann acht Malermeister für die gleiche Arbeit?

e)   Der PKW der Familie Müller verbraucht für eine Fahrstrecke von 470 Kilometern 36 Liter Benzin. Wie viel Benzin verbraucht dieser PKW dann für eine Fahrstrecke von 800 Kilometern?

f)   Der Tintenstrahldrucker der Schülerin, Samantha, druckt in drei Minuten 18 Seiten. Wie viele Seiten druckt dieser Drucker dann in 9,5 Minuten?

g)   Hermine, eine echte „Leseratte", liest pro Woche 350 Seiten. Wie viele Seiten liest Hermine während eines ganzen Jahres, das aus 52 Wochen besteht?

B8   Kubikzahlen

Wie lauten die zugehörigen Kubikzahlen folgender Ausgangszahlen?

a)   8

b)   14

c)   5

d)   17

e)   6

f)   19

g)   9

h)   13

i)   4

j)   20

k)   11

l)   3

m)   15

n)   10

o)   2

p)   18

q)   16

r)   12

s)   7

B9　Zahlen vergleichen (nach Größe ordnen)

Setz' bei den folgenden Aufgaben jeweils das korrekte Zeichen (<, >, =) ein:

a)　　12 _____ 13

b)　　16 _____ 16

c)　　17 _____ 15

d)　　2,05 _____ 2,5

e)　　¼ _____ ½

f)　　0,05 _____ 0,005

g)　　¾ _____ 0,75

h)　　2,77 _____ 2,707

Ordne die folgenden Zahlen deren Größe nach (beginne mit der kleinsten Zahl):

i)　　2,5　2,55　0,255　¾　　25,05　$\sqrt{25}$

j)　　0,05　0,505　0,005　0,249　¼　0,2501

k)　　339　393　303　387　377　367

l)　　½　0,49　0,51　0,05　¾　$\sqrt{1}$

m)　77077　70777　77707　77770　70707　777777

B10   Zahlen auf- abrunden

Runde folgende Zahlen auf die Zehnerstelle:

a)   26

b)   339

c)   414

d)   671

Runde folgende Zahlen auf die Hunderterstelle:

e)   1390

f)   2448

g)   3851

h)   5897

Runde folgende Zahlen auf die Tausenderstelle:

i)   12987

j)   21499

k)   33501

l)   88666

Runde folgende Zahlen auf Zehntel:

m)   2,06

n)   3,45

o)   5,67

p)   7,44

Runde folgende Zahlen auf die Hundertstel:

q)   1,206

r)   3,444

s)   6,008

t)   8,925

Runde folgende Zahlen auf die Tausendstel:

u)   1,9006

v)   3,4445

w)   5,0622

x)   7,7707

B11   Zahlenrätsel

a)   Welche ganzzahlige Zahl muss man mit dem Vierfachen der Zahl 7 multiplizieren, um das Doppelte von 56 zu erhalten?

b)   Welche natürliche Zahl muss man quadrieren, damit die berechnete Quadratzahl um 51 kleiner ist, als das Quadrat der kleinsten zweistelligen Zahl?

c)   Welche Zahl ergibt sich, wenn man das Dreifache der kleinsten zweistelligen Zahl vom Doppelten der größten dreistelligen Zahl subtrahiert?

d)   Multipliziere das Dreifache der größten zweistelligen Primzahl mit dem Quotienten der Rechnung (31536000 : 365). Subtrahiere anschließend 380800. Frage: Wie lautet dann die gesuchte Zahl?

e)   Melanie sagt: „Die Zahl, die ich mir ausgedacht habe, ergibt sich aus folgender Berechnung: Ich multipliziere das Vierfache des Quotienten aus (1024 / 16) mit der Differenz aus (96 – 84). Zum Schluss addiere ich noch 261." Wie heißt die Zahl, die Melanie sich ausgedacht hat?

f)   Toni sagt: „Die Zahl, die ich mir ausgedacht habe, ergibt sich wie folgt: Zunächst multipliziere ich die Kubikzahl von 8 mit dem Produkt der Quadratzahlen von 3 und 4, Abschließend subtrahiere ich dann das Doppelte der Zahl 364." Welche Zahl hat sich Toni ausgedacht?

g) Paula sagt: Die Zahl, die ich mir ausgedacht habe, ist genau ein Viertel so groß wie der Wert, der sich aus dem Term (10 x 20 – 68) ergibt. Welche Zahl hat sich Paula ausgedacht?

h) Erik sagt: Wenn man ein Drittel der Zahl, die ich mir ausgedacht habe mit der zweitgrößten, einstelligen Zahl multipliziert, und anschließend die Summe des Terms (12 + 20) addiert, dann erhält man ein Fünftel der kleinsten, vierstelligen, natürlichen Zahl. Welche Zahl hat sich Erik ausgedacht?

i) Jennifer sagt: Wenn ich die Zahl, die ich mir ausgedacht habe, mit dem Quotienten des Terms (424 / 8) multipliziere, dann ist das Ergebnis gleich der Differenz des Terms (2000 – 357). Wie lautet Jennifer's Zahl?

j) Ben sagt: Wenn ich meine ausgedachte Zahl mit sich selbst multipliziere, dann ist dieses Produkt gleich der Differenz des Terms (211 – 162). Wie lautet Ben's Zahl?

k) Paula sagt: Wenn ich die Zahl, die ich mir ausgedacht habe, mit der Hälfte der Quadratzahl von 8 multipliziere, dann entspricht das einem Viertel der Zahl, die um 96 größer ist als 4000. Welche Zahl hat sich Paula ausgedacht?

l) Fred sagt: Wenn ich meine ausgedachte Zahl mit dem Doppelten der größten, zweistelligen Zahl multipliziere, dann ergibt sich eine Zahl, die um 1148 größer ist als das Doppelte der Zahl 2000. Welche Zahl hat sich Fred ausgedacht?

m) Sonja sagt: „Wenn ich ein Drittel meiner ausgedachten Zahl mit dem Produkt der Kubikzahl der kleinsten Primzahl und der um 8 kleiner als 20 sich ergebenden Zahl multipliziere, dann ergibt sich eine um 600 kleinere Zahl als das Dreifache der kleinsten, vierstelligen Zahl." Welche Zahl hat sich Sonja ausgedacht?

n) Erik sagt: „Wenn ich zu meiner ausgedachten Zahl 50 addiere, dann erhalte ich die größte, zweistellige Primzahl." Welche Zahl hat sich Erik ausgedacht?

o) Samantha sagt: „Wenn ich die von mir ausgedachte Zahl mit der Summe der Quadratzahlen von 3 und 5 multipliziere, dann erhalte ich eine Zahl, die um 22 kleiner ist als das Doppelte der Zahl 300." Welche Zahl hat sich Samantha ausgedacht?

p) Anton sagt: „Wenn ich die von mir ausgedachte Zahl mit 9 multipliziere, und anschließend 5,5 addiere, dann erhalte ich eine Zahl, deren Wert dem entspricht, wenn ich die kleinste, vierstellige Zahl durch die kleinste, dreistellige Zahl dividiere." Welche Zahl hat sich Anton ausgedacht?

q) Tülay sagt: „Wenn ich zunächst die Quadratzahlen der kleinsten drei Primzahlen addiere, dann das Doppelte meiner ausgedachten Zahl addiere, dann erhalte ich eine Zahl, die dem Quadrat der kleinsten, zweistelligen Zahl entspricht." Welche Zahl hat sich Tülay ausgedacht?

r) Sonja sagt: „Wenn ich meine ausgedachte Zahl mit der zweitgrößten, einstelligen Zahl multipliziere, und anschließend die Hälfte der Kubikzahl 4^3 addiere, dann erhalte ich das gleiche Ergebnis, als wenn ich den Wert von 2^7 berechne." Welche Zahl hat sich Sonja ausgedacht?

s) Erik sagt: „Meine ausgedachte Zahl erhältst Du, wenn Du vom Dreifachen des Terms (1/2 + 1/4) eine Zahl subtrahierst, die um 0,75 kleiner ist, als die zweitkleinste Primzahl." Welche Zahl hat sich Erik ausgedacht?

t) Jennifer sagt: Wenn ich die von mir ausgedachte Zahl mit der Quadratzahl von 10 multipliziere, dann ergibt sich der gleiche Wert, als wenn ich zunächst die Summe der Quadratzahlen aller Primzahlen, die im Intervall von 20 bis 30 zu finden sind, bilde, und anschließend davon das Doppelte einer um 15 kleiner als 200 sich ergebenden Zahl subtrahiere. Frage: Welche Zahl hat sich Jennifer ausgedacht?

u) Marc sagt: Wenn ich die Kubikzahl meiner ausgedachten Zahl bilde, dann ist dieser Wert der gleiche, als wenn ich von der Kubikzahl, die ich auf der Grundlage der größten, einstelligen Zahl berechne, die Zahl 386 subtrahiere. Frage: Welche Zahl hat sich Marc ausgedacht?

v) Iris sagt: „Wenn ich die von mir ausgedachte Zahl mit dem Faktor 5 multipliziere, und anschließend dann den Term, der sich aus dem Produkt der Kubikzahl der kleinsten Primzahl und der Zahl 2, ergibt, subtrahiere, dann erhalte ich die größtmögliche Primzahl im Bereich von 20 bis 30." Wie lautet die Zahl, die sich Iris ausgedacht hat?

w) Tobias sagt: „Die von mir ausgedachte Zahl ergibt sich wie folgt: Wenn ich zunächst die Summe der Quadratzahl sowie die Kubikzahl der von mir ausgedachten Zahl bilde, dann erhalte ich die gleiche Zahl, als wenn ich die Quadratzahl von 8 von 100 subtrahiere." Frage: Wie lautet die Zahl, die sich Tobias ausgedacht hat?

x) Multipliziere das Vierfache der größten zweistelligen Primzahl mit dem Quotienten der Rechnung (8192 : 256). Subtrahiere anschließend 2416. Frage: Wie lautet dann die gesuchte Zahl?

B12 Wichtige Rechenregeln (z. B. Punkt vor Strichrechnung)

Bei den folgenden Aufgaben kannst Du prüfen, ob Du die wichtigsten Rechenregeln sicher beherrschst.

a) $3 + 4 * 7 = ?$

b) $24 : 8 + 7 = ?$

c) $3 * 4 + 5 * 2 = ?$

d) $28 - (7 * 3 + 1) + 14 = ?$

e) $5 + 2^5 - 7 = ?$

f) $3^2 * 2^3 + 28 = ?$

g) $70 - 4^2 + 5 = ?$

h) $(8 + 3 * 7) - 9 = ?$

i) $6 + 3^3 - (8 : 2) = ?$

j) $(5^3 * 2 - 50) + 6^2 - 5 = ?$

k) $7 + 12 * 3 = ?$

l) $81 : 9 + 5 = ?$

m) $2 * 7 + 4 * 6 = ?$

n) $48 - (4 * 2 + 1) + 11 = ?$

o) $4^3 + 3^4 + 55 = ?$

p) $\sqrt{49} * 9 + 1 = ?$

q) $256 : \sqrt{16} + 36 = ?$

B13   Mit Maßstäben rechnen

Die folgenden Aufgaben dienen dazu, zu prüfen, ob Du das Rechnen mit Maßstäben verstanden hast?

a)   Berechne die folgenden Strecken in der Realität, wenn die Länge der jeweiligen Strecke in den nachfolgend genannten Maßstäben gezeichnet worden ist:

a1) Maßstab von 1:250   Zeichnung: 8 cm   Realität: _____
a2) Maßstab von 1:1750   Zeichnung: 4 cm   Realität: _____
a3) Maßstab von 1:4000   Zeichnung: 11 cm   Realität: _____
a4) Maßstab von 1:10000   Zeichnung: 9,5 cm   Realität: _____

b)   Der Düsseldorfer Fernsehturm hat eine Höhe von 234 m. Auf einem Foto wird der Fernsehturm im Maßstab 1:3900 abgebildet. Frage: Wie viele Zentimeter lang ist dann das Foto?

c)   Der höchste Berg der Erde, der Mount Everest, wird auf einem Gemälde im Maßstab 1:20000 abgebildet. Die Höhe auf dem Foto beträgt 44,24 cm. Frage: Wie hoch (Maßeinheit in m) ist dann der Mount Everest in Wirklichkeit?

d) Auf einem Stadtplan für die Landeshauptstadt Düsseldorf beträgt die Entfernung zwischen dem Düsseldorfer Flughafen und dem Düsseldorfer Fernsehturm 16 cm. Die tatsächliche Entfernung beträgt 8 Kilometer. Frage: Welcher Maßstab wird bei diesem Stadtplan verwendet?

e) e1) Das derzeit höchste Gebäude der Welt, der Burj Khalifa in Dubai, wird auf einem Foto im Maßstab 1:10000 abgebildet. Die gemessene Höhe auf dem Foto beträgt 8,28 cm. a) Frage: Wie hoch ist dieses Gebäude in der Realität?

e2) Angenommen, Du fährst mit einem der schnellen Aufzüge, die eine Geschwindigkeit von 10 m pro Sekunde erreichen, vom Erdgeschoss aus auf eine Höhe von 600 m hoch. Frage: Wie lange dauert es dann, bis der Aufzug auf einer Höhe von 600 Metern angekommen ist?

f) Der Grundriss einer Wohnung wurde im Maßstab 1:100 auf Papier gezeichnet. Dabei ergaben sich folgende Seitenlängen der rechteckigen Grundfläche: a = 12,5 cm   b = 8 cm

f1) Berechne: Welche Größe (Maßeinheit soll in m² angegeben werden) hat diese Wohnung dann in der Realität?

f2) Falls nun der Maßstab von 1:100 auf 1:150 geändert wird, wie groß wäre diese Wohnung dann in der Realität?

B14 Textaufgaben

Dieses abschließende Kapitel bietet Dir eine Vielzahl von Textaufgaben, bei denen Du zur Lösung unterschiedliche Rechenarten bzw. Rechentechniken anwenden musst, um die jeweils richtigen Lösungen zu finden.

Hinweis zur Bearbeitung:

Zunächst solltest Du Dir die jeweils zu bearbeitende Aufgabe sorgsam durchlesen, sodass Du vor dem Beginn einer Bearbeitung einen guten Überblick bekommst, was genau in der betreffenden Aufgabe berechnet werden soll?

Achte darauf, dass Du Deine Lösungsschritte sorgfältig aufschreibst, sodass nachvollziehbar wird, wie Du zu der von Dir gefundenen Lösung gekommen bist?

Zur Bearbeitung sind folgende Hilfsmittel gestattet:
- ◆ Dein eigener Kopf
- ◆ Schreibgerät (z. B. Bleistift, Füller, Kugelschreiber)
- ◆ Lineal und / oder Geodreieck
- ◆ Schreibheft / Schreibblock mit Rechenkästchen

a) Berechne: Ein Quadrat A hat eine Fläche von 256 cm². Wie lang ist dann jede einzelne Seite (Maßeinheit in mm)?

b) Wie lang (Maßeinheit in mm) ist der Gesamtumfang eines Rechtecks, dessen Seitenlänge a=0,08 m beträgt, und dessen Seitenlänge b genau halb so lang ist wie die Seitenlänge a?

c) Welche typischen Maßeinheiten könnte man sinnvollerweise für folgende Dinge bzw. Begriffe verwenden?

c1) Länge eines Bleistifts   c2) Länge eines PKW

c3) Entfernung zwischen Düsseldorf und der Vulkaneifel

c4) Länge einer Bleistiftspitze   c5) Kantenlänge eines DIN-A4-Blattes

c6) Fläche eines Wohnraumes in einem Haus

c7) Fläche eines Fußballfeldes   c8) Fläche von Deutschland

c9) Inhalt einer Wasserflasche   c10) Inhalt einer Kaffeetasse

c11) Gewicht eines Stücks Butter   c12) Gewicht eines Elefanten

c13) Gewicht eines Floh

d) Die insgesamt 25 Kinder der 6. Klasse gewinnen bei einem Kirmesbesuch den Hauptpreis im Wert von insgesamt 200 €. Nun soll dieser Gewinn wie folgt aufgeteilt werden:

d1) Jedes Kind erhält genau 1/25 des Gesamtgewinns. Wie viel ist das genau?

d2) Von dem jeweiligen Einzelanteil spendet jedes der 25 Kinder 3/10 an hilfsbedürftige Kinder. Wie hoch ist der Einzelbetrag, den jedes der 25 Kinder spendet?

d3) Wie groß ist der gesamte Spendenbetrag aller 25 Kinder zusammen?

e) Gegeben sei ein Würfel mit einem Gesamtvolumen von 64 cm³.

e1) Welche Kantenlänge a (Maßeinheit mm) hat dieser Würfel?

e2) Welche Gesamtlänge (Maßeinheit dm) haben alle Kantenlängen?

e3) Wie viele Teilwürfel mit einer jeweiligen Kantenlänge von 20 mm könnten in dem Ausgangswürfel platziert werden?

f) Laura, Ben, Sarah und Florian möchten den Hauptgewinn in Höhe von insgesamt 2000 €, den sie bei einem Preisausschreiben gewonnen haben, wie folgt untereinander aufteilen:

f1) Laura bekommt 8/25   f3) Sarah bekommt 5/40

f2) Ben erhält 3/16   f4) Florian erhält den Rest

g) Tülay kauft gemeinsam mit ihrem Vater folgende Getränke in einem Getränkemarkt:

1 Kiste Wasser mit 12 Flaschen zu je 750 ml

(Preis ohne Pfand: 8,99 €)

2 Kisten Limo mit je 9 Flaschen zu je 1,25 l

(Je Kiste: 6,99 € ohne Pfand)

1 Kiste Bier mit 20 Flaschen zu je 0,5 l (Preis ohne Pfand: 12,99 €)

Das Pfand pro Einzelflasche (Wasser & Limo) beträgt 15 Cent.

Das Pfand pro Bierflasche beträgt 8 Cent.

Das Pfand pro Kiste beträgt pauschal 3 €.

Berechne nun zunächst sorgfältig alle Teilwerte pro Kiste, und ermittle dann den Gesamtpreis, den Tülay und ihr Vater bezahlen müssen.

h) In einer Zuckerfabrik sollen Würfelzucker verpackt werden. Die Schachteln, die zur Verpackung genutzt werden, haben folgende Maße: a = 12 cm, b = 10 cm, c = 4 cm

Jedes einzelne Würfelstück hat eine Kantenlänge von a = 1 cm.

Berechne nun folgende Werte:

h1) Wie viele Stück Würfelzucker passen in jede einzelne Schachtel?

h2) Falls nun die gefüllten Schachteln in eine größere Versandkiste verladen werden, in die jeweils 50 Einzelpakte passen, wie viele Stück Würfelzucker passen dann insgesamt in jede einzelne

Versandkiste?

h3) Auf einen LKW werden nun 200 Versandkisten verladen. Frage: Wie viele Stück Würfelzucker passen dann insgesamt auf den LKW?

i) Die Kinder der 6. Klasse der Albert-Einstein-Schule gewinnen bei einer Verlosung den Hauptpreis in Höhe von insgesamt 2500 €. Der Preis soll wie folgt aufgeteilt werden: i1) 2/8 für die Klassenkasse, i2) 4/40 für Schulmaterial, i3) 3/10 für Schulbücher. Der Rest soll für eine Klassenfahrt verwendet werden. Berechne alle Teilwerte.

j) Die Gesamtfläche einer Wohnung A beträgt 120 m². Innerhalb dieser Wohnung hat das rechteckige Wohnzimmer die Maße: a=5,5 m, b=4,5m. Das Schlafzimmer hat die Maße: a=4,25 m, b=3,75 m. Das Kinderzimmer hat die Maße: a=3,5 m, b=2,75 m. Die Küche ist exakt 19,6875 m² groß. Berechne alle genannten Raumgrößen in der Maßeinheit m², und berechne, wie viele Quadratmeter dann noch für weitere Räumlichkeiten genutzt werden könnten?

k) Die Kinder der 6. Klasse erzielen folgende Ergebnisse beim Weitsprung: Leonie: 3,25 m, Fred: 4,10 m, Henriette: 3,90 m. Sandra springt 3/10 weiter als Leonie. Erik springt 2/10 weniger als Fred. Susi schafft 4/10 mehr als Henriette. Berechne, wie weit Sandra, Erik und Susi gesprungen sind?

l)   In einen würfelartigen Wasserbehälter, dessen Kantenlänge 20 cm
        beträgt, werden folgende Flüssigkeiten geschüttet:
        1 Flasche Wasser mit 1 Liter, 2 Flaschen Limo mit je 0,5 Liter,
        2 Flaschen Wein mit je 0,75 Liter.
        Berechne: l1) Wie viel Liter Flüssigkeit sind nun in dem
        Wasserbehälter?
        l2) Wie groß ist der Abstand der Flüssigkeitsoberfläche bis zum
        oberen Rand?

m)   Der rechteckige Garten der Familie Schulz hat eine Größe von
        insgesamt 420 m². Die langen Seiten sind jeweils 25 m lang. Frage:
        Wie lang sind dann die kürzeren Seiten? Angenommen, innerhalb
        dieses rechteckigen Gartens wird eine quadratische Fläche mit der
        Kantenlänge a = 6 m für einen Gemüseanbau reserviert. Frage: Wie
        groß ist dann die verbleibende Fläche?

n)   Gegeben ist ein Quader mit den Maßen: a = 50 cm, b = 30 cm,
        c = 20 cm.
        Frage: Wie groß ist der Rauminhalt insgesamt (Maßeinheit cm³)?
        Angenommen, es werden nun 12 Flaschen Wasser mit jeweils 1 Liter
        in diesen Quader eingefüllt. Frage: Wie viel Kubikzentimeter sind
        dann noch frei in diesem Quader?

o) Gegeben sei ein Grundstück mit einer Gesamtfläche von 800 m². Folgende Teilflächen werden benötigt: a) Haus: 240 m², b) Spielwiese: 180 m², c) Gemüsegarten: 140 m². Berechne, wie viele Zehntel der Gesamtfläche sind noch frei?

p) Ein quaderförmiger Verpackungskarton soll insgesamt 72 Pakete mit einer jeweiligen Größe von a = 25 cm, b = 15 cm, c = 10 cm aufnehmen können. Berechne das Gesamtvolumen des Verpackungskartons (Maßeinheit: cm³).

q) Lena bekommt monatlich 30 € Taschengeld. Davon spart sie in jedem Monat einen Anteil von 3/12 für Geschenke. Frage: Wie viel € hat Lena dann nach Ablauf eines Jahres insgesamt gespart? Berechne außerdem, wie viel € dann noch vom Ersparten übrigbleiben, wenn das zu kaufende Geschenk 59 € kostet?

r) Der Swimmingpool der Familie Kunze hat folgende Maße: Länge: 12 m, Breite: 8 m, Tiefe: 2,25 m
r1) Berechne, wie viele Kubikmeter Wasser passen in diesen Swimmingpool, wenn er bis zu einer Höhe gefüllt wird, bei der die Oberkante des Wassers 0,25 m unterhalb des Beckenrandes liegen soll?

r2) Angenommen, der Swimmingpool ist zunächst leer. Falls nun in jeder Minute genau 8 m³ Wasser eingefüllt werden können, wie lange dauert es dann, bis die vollständige Füllhöhe (25 cm unterhalb des Beckenrands) erreicht ist?

s) Ein Güterzug mit insgesamt 50 Güterwaggons soll beladen werden. Auf jeden einzelnen Güterwaggon werden sechs PKW verladen. Jeder der zu verladenen PKW hat ein Gewicht von 1500 kg. Das Leergewicht jedes einzelnen Güterwaggons beträgt 15 t. Die Lokomotive wiegt 80 t.
Berechne:
s1) Das Gesamtgewicht eines einzelnen Güterwaggons
s2) Das Leergewicht des Güterzugs inkl. der Lokomotive
s3) Das Gesamtgewicht aller PKW
s4) Das Gesamtgewicht des vollständig beladenen Güterzugs

t) Die gesamte Rasenfläche eines Fußballfeldes mit der Größe (a = 100 m, b = 60 m) wird bei einem starken Regen mit einer Wasserstandhöhe von 5 cm überflutet. t1) Berechne, wie viele Liter Wasser befinden sich nun auf der gesamten Oberfläche des Rasens? t2) Berechne, wie viele Wasserflaschen, die jeweils eine Füllmenge von 750 ml haben, könnten nun mit der Wassermenge befüllt werden, die sich aktuell auf der Rasenoberfläche befindet?

u)   Sarah steht um 6:30 Uhr auf. Für das Anziehen und die Körperpflege im Badezimmer veranschlagt sie 25 Minuten. Anschließend benötigt sie 30 Minuten für das Frühstück. Für die Wegstrecke bis zur Bushaltestelle benötigt sie 8 Minuten. Die Fahrzeit des Busses beträgt 12 Minuten. Nach dem Ausstieg aus dem Bus benötigt sie noch 4 Minuten bis zur Ankunft in ihrem Klassenzimmer. Frage: Wie viele Minuten Zeit hat Sarah noch bis zum Beginn des Unterrichts um 8:00 Uhr?

v)   Die mittlere Entfernung von unserer Erde zum Mond beträgt 384000 km. Angenommen, Du könntest mit Deinem Fahrrad pro Stunde eine Strecke von 15 km zurücklegen, und nehmen wir weiterhin an, dass Du an jedem Tag insgesamt acht Stunden mit Deinem Fahrrad fahren könntest. Frage: Wie viele Tage müsstest Du dann mit Deinem Fahrrad fahren, um die gesamte Strecke von unserer Erde bis zu unserem Mond zurückzulegen?

w)   Beim Aufräumen des Kellers findet Heike eine große Kiste mit Murmeln. Die Kiste hat die Maße: a = 30 cm, b = 25 cm, c = 15 cm. Es wird angenommen, dass der Rauminhalt jeder einzelnen Murmel einen Platzbedarf von 1,5 cm³ hat. Berechne, wie viele Murmeln befinden sich dann in der komplett gefüllten Kiste?

x) Der Erdumfang beträgt (gerundet) ca. 40.000 Kilometer.

Die mittlere Entfernung unserer Erde zu unserer Sonne beträgt ca. 149.000.000 km.

Berechne, wie oft müsste man den gesamten Erdumfang (ausgerollt) hintereinanderlegen, um die Entfernung von der Erde zur Sonne abzubilden?

y) Sofia möchte herausfinden, welche Gesamtstrecke sie mit ihrem Fahrrad zurücklegt, wenn folgende Daten gegeben sind:

Sie startet um 8:00 Uhr mit einer Geschwindigkeit von durchgängig 20 km/h. Von 8:30 bis um 8:45 Uhr legt sie die weitere Strecke mit einer Geschwindigkeit von 16 km/h zurück. Von 8:45 bis um 9:00 Uhr radelt sie durchgängig mit einer Geschwindigkeit von 24 km/h. Frage: Wie viele Kilometer hat Sofia dann bis um 9:00 Uhr gefahren?

z) Sabine möchte das Gesamtgewicht für ein zu verschickendes Postpaket berechnen. Ihr stehen folgende Angaben zur Verfügung:

z1) 1 Föhn: 550 g   z2) 1 Vase: 1750 g   z3) 4 Packungen Duschgel zu je 175 g

z4) 2 Packungen Kekse, von denen jede einzelne Packung das 1,5-fache Gewicht des Föhns hat.

Frage: Wie schwer (Maßeinheit in kg) ist das Gesamtpaket?

A1   **Addition**

a)   138
b)   150
c)   134
d)   146
e)   114
f)   160
g)   190
h)   149
i)   165
j)   153
k)   193
l)   273
m)   144
n)   772
o)   851
p)   853
q)   760
r)   820
s)   776
t)   776
u)   318
v)   688
w)   807
x)   926
y)   928
z)   774

A2 **Subtraktion**

a) 59
b) 23
c) 29
d) 26
e) 30
f) 15
g) 22
h) 42
i) 32
j) 33
k) 36
l) 9
m) 18
n) 377
o) 247
p) 221
q) 32
r) 128
s) 331
t) 433
u) 532
v) 245
w) 333
x) 241
y) 522
z) 568

A3 Multiplikation

a) 384
b) 351
c) 504
d) 608
e) 529
f) 504
g) 624
h) 408
i) 726
j) 448
k) 870
l) 650
m) 504
n) 302220
o) 192210
p) 168004
q) 867882
r) 63024
s) 288782
t) 265512
u) 201068
v) 230950
w) 181289
x) 517482
y) 224455
z) 1000000

A4   Division

a)   22
b)   21
c)   25
d)   22
e)   19
f)   22
g)   29
h)   27
i)   25
j)   24
k)   23
l)   21
m)   26
n)   256
o)   663
p)   258
q)   753
r)   258
s)   971
t)   963
u)   246
v)   268
w)   866
x)   999
y)   226
z)   1000

A5 **Lücken füllen bei der Addition**

a) 33
b) 25
c) 54
d) 14
e) 34
f) 66
g) 31
h) 41
i) 3
j) 63
k) 36
l) 59
m) 11
n) 529
o) 225
p) 474
q) 69
r) 2440
s) 4544
t) 252
u) 10299
v) 7862
w) 209999
x) 128004
y) 131766
z) 190000

A6   Lücken füllen bei der Subtraktion

a)   32
b)   21
c)   23
d)   37
e)   44
f)   25
g)   34
h)   25
i)   63
j)   11
k)   17
l)   17
m)   77
n)   176
o)   144
p)   166
q)   667
r)   544
s)   429
t)   2556
u)   33346
v)   26320
w)   251545
x)   576631
y)   669966
z)   874200

A7   Lücken füllen bei der Multiplikation

a)   8
b)   6
c)   9
d)   6
e)   6
f)   9
g)   9
h)   9
i)   8
j)   5
k)   5
l)   4
m)   6
n)   8
o)   12
p)   11
q)   12
r)   20
s)   12
t)   30
u)   40
v)   100
w)   100
x)   200
y)   250
z)   100

A8   Lücken füllen bei der Division

a)   5
b)   7
c)   8
d)   8
e)   7
f)   7
g)   11
h)   5
i)   12
j)   13
k)   8
l)   4
m)   8
n)   20
o)   9
p)   4
q)   10
r)   25
s)   4
t)   333
u)   5
v)   10
w)   8
x)   20
y)   50
z)   100

A9   Geometrische Flächen

a)   wahr
b)   falsch
c)   wahr
d)   wahr
e)   wahr
f)   wahr
g)   wahr
h)   wahr
i)   falsch
j)   falsch

A10   Geometrische Körper

a)   falsch
b)   wahr
c)   wahr
d)   falsch
e)   wahr
f)   falsch
g)   wahr
h)   wahr
i)   wahr
j)   wahr
k)   falsch
l)   wahr

A11   Maßeinheiten

a)   500
b)   300
c)   4000
d)   2
e)   10
f)   10
g)   2
h)   50
i)   2
j)   1
k)   5000
l)   2
m)   5000
n)   60
o)   180
p)   24
q)   6
r)   1
s)   2400
t)   86400
u)   120
v)   168
w)   7
x)   12
y)   336
z)   8760

A12 **Textaufgaben**

a1)   Die Gesamtkosten für den Einkauf betragen 22,38 €.

a2)   Das Rückgeld für Melanie beträgt 27,62 €.

b)   Das Gepäck darf maximal 310 kg wiegen.

c)   Sandra müsste dann noch 50 Stunden Babysitten.

d)   Tobias kommt um 17:00 Uhr an seinem Ziel an.

B1 **Zahlensysteme (Dezimalsystem, Dualsystem, Römisches Zahlensystem)**

a) 7346
b) 95000
c) 608
d) 333
e) 506087
f) 1024

g) 1000001
h) 1111000
i) 1111100111
j) 11010
k) 11111111
l) 1011001

m) XII
n) XXXVI
o) CCV
p) CDXC
q) MM
r) MMMMCCCV

B2   Quadratzahlen

a)   64
b)   225
c)   25
d)   100
e)   324
f)   16
g)   400
h)   49
i)   169
j)   144
k)   36
l)   256
m)   289
n)   81
o)   196
p)   361
q)   1
r)   121
s)   4

B3   **ggT und kgV**

a)   4
b)   7
c)   16
d)   4
e)   16
f)   1
g)   6
h)   5
i)   23
j)   27
k)   4
l)   17
m)   2
n)   3
o)   6
p)   25
q)   4
r)   7
s)   9
t)   11
u)   12
v)   14
w)   8
x)   19
y)   4
z)   39

a2) 42
b2) 36
c2) 42
d2) 192
e2) 63
f2) 156
g2) 130
h2) 110
i2) 171
j2) 84
k2) 12
l2) 70
m2) 120
n2) 252
o2) 30
p2) 180
q2) 24
r2) 84
s2) 176
t2) 1001
u2) 78
v2) 12
w2) 60
x2) 24
y2) 210
z2) 252

B4   Primzahlen

a)   2 – 7 – 23 – 41
b)   3 – 11 – 13 – 19
c)   5 – 17 – 29
d)   31 – 37 – 43
e)   53 – 61
f)   71
g)   73 – 83
h)   101 – 107 – 131 – 137
i)   149 – 151 – 163 – 167
j)   173 – 179 – 191 – 193
k)   211 – 223 – 227
l)   241 – 251 – 271

B5   Zahlenmengen (Natürliche Zahlen, Ganze Zahlen, Rationale Zahlen, Reelle Zahlen)

a)   Ganze Zahl
b)   Rationale Zahl
c)   Natürliche Zahl
d)   Natürliche Zahl
e)   Rationale Zahl
f)   Reelle Zahl
g)   Ganze Zahl
h)   Reelle Zahl
i)   Natürliche Zahl
j)   Ganze Zahl
k)   Rationale Zahl
l)   Natürliche Zahl
m)   Natürliche Zahl (N_0)
n)   Natürliche Zahl

o)   Natürliche Zahlen
     Ganze Zahlen
     Rationale Zahlen
     Reelle Zahlenmenge

p)   Zwischen zwei beliebigen Natürliche Zahlen (z. B. 1 und 2)
     gibt es unendlich viele weitere Zahlen, weil sich die
     Intervalle (Abstände) zwischen den Zahlen beliebig oft
     halbieren lassen und somit eine bis ins Unendlich reichende
     Unterteilung möglich wird.

     Beispiel: Angenommen, Du teilst das Intervall zwischen
                      1 und 2 genau in der Mitte. Dann ergibt sich
                      hier die Zahl 1,5. Nun könntest Du das so
                      entstandene, neue Intervall zwischen 1 und 1,5
                      erneut halbieren. Dann entsteht die Zahl 1,25.
                      Diesen Prozess des unendlichen Halbierens
                      könntest Du beliebig lange fortsetzen, sodass
                      die Anzahl resultierender Zahlen unendlich
                      groß werden könnte. Grundsätzlich nähern
                      sich die jeweils resultierenden Zahlen dem
                      Wert 0 an; werden ihn jedoch niemals
                      erreichen, weil der Vorgang des unendlichen
                      Halbierens immer weiter fortgesetzt werden
                      könnte.

B6   Geometrie: Flächen & Körper

a)   a
b)   4 * a
c) a^2 bzw. a * a
d)   a, b
e)   2 * a + 2 * b (kurz: 2a + 2b)
f)   a * b (kurz: ab)
g)   d * π
h)   ½ * (U / π)
i)   r = ½ * d
j)   6 * a^2
k)   12 * a
l) a^3
m)   4 * a + 4 * b + 4 * c (kurz: 4a+4b+4c)
n)   2ab + 2ac + 2bc
o)   a * b * c

B7   Dreisatz

a)   12,48 €
b)   10 €
c)   15 ha
d)   2 Tage
e)   ca. 61,28 Liter
f)   57 Seiten
g)   18200 Seiten

B8   **Kubikzahlen**

a)   512
b)   2744
c)   125
d)   4913
e)   216
f)   6859
g)   729
h)   2197
i)   64
j)   8000
k)   1331
l)   27
m)   3375
n)   1000
o)   8
p)   5832
q)   4096
r)   1728
s)   343

B9   **Zahlen vergleichen (nach Größe ordnen)**

a)   <
b)   =
c)   >
d)   <
e)   <
f)   >
g)   =
h)   >

i)   ¼   0,255   2,5   2,55 $\sqrt{25}$ 25,05

j)   0,005   0,05   0,249   ¼   0,2501   0,505

k)   303   339   367   377   387   393

l)   0,05   0,49   ½   0,51   ¾ $\sqrt{1}$

m)   70707   70777   77077   77770   77777

B10   Zahlen auf- abrunden

a)   30
b)   340
c)   410
d)   670
e)   1400
f)   2400
g)   3900
h)   5900
i)   13000
j)   21000
k)   34000
l)   89000
m)   2,1
n)   3,5
o)   5,7
p)   7,4
q)   1,21
r)   3,44
s)   6,01
t)   8,93
u)   1,901
v)   3,445
w)   5,062
x)   7,771

B11   Zahlenrätsel

a) $x * 4 * 7 = 2 * 56$
    $28x = 112 \quad \mathit{/ : 28}$
    $x = 4$
    ====

b) $x^2 + 51 = 10^2$
    $x^2 + 51 = 100 \qquad \mathit{/ -51}$
    $x^2 \quad\;\; = 49 \qquad / \;\; \sqrt{\square}$
    $x \qquad = 7$
    =========

c) $(2 * 999) - (3 * 10)$
    $1998 - 30 = \mathbf{1968}$
    ====

d) $(3 * 97) * (31536000 : 365) - 380800$
    $297 * 86400 - 380800$
    $25660800 - 380000 = \mathbf{25280000}$
    ==========

e) $(4 * (1024 : 16)) * (96 - 84) + 261$
    $((4 * 64) * 12) + 261$
    $256 * 12 + 261$
    $3072 + 261 = \mathbf{3333}$
    ====

f) $8^3 * (3^2 * 4^2) - (2 * 364)$
    $512 * (9 * 16) - 728$
    $512 * 144 - 728$
    $73728 - 728 = \mathbf{73000}$
    =======

g) $4x = (10 * 20 - 68)$
    $4x = 200 - 68$
    $4x = 132$ $/ : 4$
    $x = \mathbf{33}$
    =====

h) $(1/3\ x * 8) + (12 + 20) = 1/8 * 1000$
    $1/3\ x * 8 + 32 = 200$ $/ - 32$
    $1/3\ x * 8 \quad = 168$ $/ : 8$
    $\mathit{1/3\ x \quad\quad = 21}$ $/ * 3$
    $x \quad\quad = \mathbf{63}$
    ============

i) $x * (424 : 8) = 2000 - 357$
    $x * 53 = 1643$ $/ : 53$
    $x = \mathbf{31}$
    =====

j) $x^2 = (211 - 162)$
    $x^2 = 49$ $/ \ \sqrt{\square}$
    $x = \mathbf{7}$
    ====

k) $x * (½ * 8^2) = ¼ * (96 + 4000)$
$x * (½ * 64) = ¼ * 4096$
$x * 32 = 1024$ $/ : 32$
$x = 32$
=====

l) $x * (2 * 99) = (2 * 2000) + 1148$
$x * 198 = 4000 + 1148$
$x * 198 = 5148$ $/ : 198$
$x = 26$
=====

m) $1/3 \, x * (2^3 * 12) = (3 * 1000) - 600$
$1/3 \, x * 96 = 3000 - 600$
$1/3 \, x * 96 = 2400$ $/ : 96$
$1/3 \, x = 25$ $/ * 3$
$x = 75$
=====

n) $x + 50 = 97$ $/ -50$
$x = 47$
=====

o) $x * (3^2 + 5^2) = (2 * 300) - 22$
$x * (9 + 25) = 600 - 22$
$x * 34 = 578$ $/ : 34$
$x = 17$
=====

p) $9x + 5,5 = (1000 : 100)$
    $9x + 5,5 = 10$ $/- 5,5$
    $9x = 4,5$ $/ : 9$
      $x = \mathbf{0,5}$
      =====

q) $2^2 + 3^2 + 5^2 + 2x = 10^2$
    $4 + 9 + 25 + 2x = 100$
    $38 + 2x = 100$ $/ - 38$
    $2x = 62$ $/ : 2$
      $x = \mathbf{31}$
      =====

r) $8x + (½ * 4^3) = 2^7$
    $8x + (½ * 64) = 128$
    $8x + 32 = 128$ $/ - 32$
    $8x = 96$ $/ : 8$
      $x = \mathbf{12}$
      =====

s) $3 * (½ + ¼) - (3 - 0,75)$
    $3 * 0,75 - 2,25$
    $2,25 - 2,25 = \mathbf{0}$
              ==

t) $10^2 * x = (23^2 + 29^2) - (2 * 185)$
    $100\,x = 529 + 841 - 370$
    $100\,x = 1740$ $/ : 100$
      $x = \mathbf{17,4}$
      ======

u) $x^3 = 9^3 - 386$
       $x^3 = 729 - 386$
       $x^3 = 343$ / $\sqrt[3]{343}$
        $x = 7$

B12   Wichtige Rechenregeln (z. B. Punkt vor Strichrechnung)

a)   31
b)   10
c)   22
d)   20
e)   30
f)   45
g)   59
h)   20
i)   29
j)   231
k)   43
l)   14
m)   38
n)   50
o)   200
p)   64
q)   100

B13   Mit Maßstäben rechnen

a1)   20 m
a2)   70 m
a3)   440 m
a4)   950 m

b)   Länge des Fotos beträgt 6 cm

c)   Höhe des Mount Everest beträgt 8848 m

d)   Maßstab beträgt 1:500

e1)   Höhe des Burj Khalifa beträgt 828 m
e2)   Die Fahrzeit mit dem Aufzug beträgt 60 sec.

f1)   Die Wohnungsgröße beträgt 100 m²
f2)   Die Wohnungsgröße beträgt 225 m²

B14 Textaufgaben

a) $\sqrt{256}$ = 16, also beträgt die Kantenlänge a = 16 cm.
16 cm entsprechen demnach **160 mm**.

b)   0,08 m entsprechen 8 cm. Das sind also 80 mm.
Der Gesamtumfang eines Rechtecks wird berechnet mit der
Formel: 2a + 2b.
Also: 2 * 80 mm + 2 * 40 mm = **240 mm**.

c1)   **cm**
c2)   **m**
c3)   **km**
c4)   **mm**
c5)   **cm**
c6)   **m²**
c7)   **m² oder ha**
c8)   **km²**
c9)   **l oder ml**
c10)   **ml**
c11)   **g**
c12)   **t**
c13)   **mg oder g**

d1)   1/25 von 200 € = **8 €**
d2)   3/10 von 8 € = **2,40 €**
d3)   2,40 € * 25 = **60 €**

e1) $\sqrt[3]{64}$ = 4. 4 cm entsprechen 40 mm. Also gilt: **a = 40 mm**
e2)   12 * 0,4 dm = **4,8 dm**
e3)   Es könnten insgesamt **8 Teilwürfel** mit einer Kantenlänge a=20 mm
in dem Ausgangswürfel platziert werden.

f1)   8/25 von 2000 € = **640 €**
f2)   3/16 von 2000 € = **375 €**
f3)   5/40 von 2000 € = **250 €**
f4)   2000 € - 640 € - 375 € - 250 € ergibt einen Rest von **735 €**

g)   Teilwert für 1 Kiste Wasser:
        8,99 € + (12 * 0,15 €) + 3 € = **13,79 €**

        Teilwert für 2 Kisten Limo:
        (2 * 6,99 €) + (12 * 0,15 €) + 6 € = **22,68 €**

        Teilwert für 1 Kiste Bier:
        12,99 € + (20 * 0,08 €) + 3 € = **17,59 €**

        Gesamtwert:
        13,79 € + 22,68 € + 17,59 € = **54,06 €**

h1)   Volumen: 12 cm * 10 cm * 4 cm = 480 cm³
        Demnach passen **480 Stück Würfelzucker** in jede einzelne
        Verpackung.
h2)   In jede Versandkiste passen demnach 50 * 480 = **24000 Stück**.
h3)   Insgesamt passen 24000 * 200 = **4800000 Stück** auf den LKW.

i1)   2/8 von 2500 € entsprechen **625 €**
i2)   4/40 von 2500 € entsprechen **250 €**
i3)   3/10 von 2500 € entsprechen **750 €**
i4)   Somit verbleiben noch: 2500 € - 625 € - 250 € - 750 € = **875 €**
        für die Klassenfahrt.

j)   Wohnzimmer: 5,5 m * 4,5 m = **24,75 m²**
      Schlafzimmer: 4,25 m * 3,75 m = **15,9375 m²**
      Kinderzimmer: 3,5 m * 2,75 m = **9,625 m²**
      Küche: **19,6875 m²**
      Somit verbleiben: 120 m² - 24,75 m² – 15,9375 m² – 9,625 m²
                           - 19,6875 m² = **50 m²**.

k)   Sandra springt (gerundet auf 2 Nachkommastellen): **4,23 m**.
      Erik springt **3,28 m** weit.
      Susi springt **5,46 m** weit.

l1)   In dem Wasserbehälter befinden sich:
      1 * 1 Liter + 2 * 0,5 Liter + 2 * 0,75 Liter = **3,5 Liter (3500 ml)**.

l2)   Das Gesamtvolumen beträgt:
      20 cm * 20 cm * 20 cm = 8000 cm³
      8000 cm³ entsprechen 8000 ml bzw. 8 Litern.
      Pro Liter steigt demnach die Füllhöhe um 2,5 cm.
      Wenn nun 3,5 Liter in den Wasserbehälter eingefüllt werden,
      dann beträgt die Füllhöhe 3,5 * 2,5 = 8,75 cm.
      Somit ergibt sich ein **Abstand zum oberen Rand** von:
      20 cm – 8,75 cm = **11,25 cm**.

m)   Wenn die Gesamtgröße des rechteckigen Gartens 420 m² ist,
      und die langen Seiten a = 25 m sind, dann kannst Du die Länge
      der kürzeren Seiten (b) wie folgt berechnen:
      Gesamtfläche / a = Länge der Seite b.
      Also: 420 m² / 25 m = **16,8 m**.
      Falls nun eine quadratische Fläche mit einer Kantenlänge von
      a = 6 m für den Gemüseanbau reserviert wird, lässt sich die
      verbleibende Fläche wie folgt berechnen:
      420 m² – (6 m * 6 m) = **384 m²**.

n)   Rauminhalt des Quaders:

50 cm * 30 cm * 20 cm = **30000 cm³**

Falls nun 12 Flaschen Wasser mit jeweils 1 Liter in diesen Quader eingefüllt werden, ergibt sich der noch freie Raum wie folgt:

30000 cm³ entsprechen 30 Litern.

30 Liter – 12 Liter = 18 Liter.

Somit verbleibt ein **freier Rauminhalt von 18000 cm³**.

o)   Nach Abzug der schon benutzten Flächen für:

a) das Haus: 240 m²

b) die Spielwiese: 180 m²

c) der Gemüsegarten: 140 m²

(insgesamt also 560 m²), verbleiben: 800 m² – 560 m² = 240 m².

240 m² entsprechen **3/10** von 800 m².

p)   Volumen jedes einzelnen von insgesamt 72 Paketen:

25 cm * 15 cm * 10 cm = 3750 cm³

Gesamtvolumen: 72 * 3750 cm³ = **270000 cm³**

q)   Lena spart **pro Monat** 3/12 von 30 €, also **7,50 €**.

Nach Ablauf eines Jahres hat Lena demnach 12 * 7,50 € = **90 €** gespart. Wenn Lena dann 59 € für ein zu kaufendes Geschenk ausgibt, **verbleiben** ihr noch: 90 € - 59 € = **31 €**.

r1)   Das **Gesamtvolumen des Swimmingpools** (bis zur Oberkante des Beckenrands): 12 m * 8 m * 2,25 m = **216 m³**.

216 m³ entsprechen 216000 Litern.

Wenn nun der Swimmingpool nur bis zu einer Höhe gefüllt wird, die 0,25 m unterhalb der Oberkante des Beckenrandes liegt, dann lässt sich das Volumen leicht mit dem Dreisatz wie folgt berechnen: (216 * 200) / 225 = **192 m³**.

Alternativ kannst Du es auch wie folgt berechnen:

12 m * 8 m * 2 m = **192 m³**.

r2) Wenn der Swimmingpool bis zu einer Füllhöhe von 0,25 m unterhalb der Oberkante gefüllt werden soll, müssen demnach 192 m³ Wasser eingefüllt werden. Falls nun pro Minute 8 m³ Wasser eingefüllt werden, ergibt sich die **Gesamtzeit für den Füllvorgang** wie folgt: 192 m³ / 8 m³ (je Minute) = **24 Minuten**.

s1) Gesamtgewicht eines einzelnen Güterwaggons:
15 t + (6 * 1,5 t) = **24 t**

s2) Leergewicht des Güterzugs inkl. der Lokomotive:
50 * 15 t + 80 t = **830 t**

s3) Gesamtgewicht aller PKW:
50 * 6 * 1,5 t = **450 t**

s5) Gesamtgewicht des vollständig beladenen Güterzugs:
(50 * 24 t) + 80 t = **1280 t**

t1) Bei einer Gesamtfläche von a = 100 m * b = 60 m = 6000 m²
und einer Wasserstandhöhe von 0,05 m, ergibt sich ein **Volumen** von: 100 m * 60 m * 0,05 m = **300 m³**.
Somit befinden sich **300000 Liter Wasser auf der Rasenfläche** des Fußballfeldes.

t2) Mit einer Wassermenge von 300000 Litern könnten demnach:
300000 / 0,75 = **400000 Wasserflaschen zu je 0,75 Lite**r gefüllt werden.

u) Sarah startet um 6:30 Uhr. Nach Abschluss der Körperpflege ist es dann 6:55 Uhr. Nachdem Sarah gefrühstückt hat, ist es 7:25 Uhr. Wenn sie an der Bushaltestelle ankommt, ist es 7:33 Uhr. Nachdem Sarah 12 Minuten mit dem Bus gefahren ist, zeigt die Uhr dann 7:45 Uhr. Nach den 4 Minuten bis zum Erreichen des Klassenzimmers ist es 7:49 Uhr.
Somit sind es **noch 11 Minuten bis zum Unterrichtsbeginn um 8:00 Uhr.**

v) Angenommen, Du könntest pro Tag 8 Stunden mit Deinem Fahrrad unterwegs sein, und dabei pro Stunde 15 Kilometer zurücklegen, dann beträgt Deine Fahrstrecke pro Tag:
8 * 15 km = 120 km.
Um nun auszurechnen, wie viele Tage Du für eine Strecke benötigst, die der mittleren Entfernung von unserer Erde zu unserem Mond entspricht, musst Du die Gesamtkilometerzahl (hier: 384000) durch die Kilometerzahl dividieren, die Du mit Deinem Fahrrad täglich (hier: 120 km) zurücklegst.
Somit lautet die Rechnung:
384000 / 120 = 3200 Tage.
Umgerechnet sind das dann (gerundet) ca. 8,77 Jahre.
Also müsstest Du knapp 9 Jahre lang täglich 8 Stunden mit Deinem Fahrrad unterwegs sein, um die Strecke zwischen Erde und Mond zurückzulegen.
Hättest Du das gedacht? Das ist ganz schön viel, oder...?

w) Das **Gesamtvolumen** der großen Kiste beträgt:
30 cm * 25 cm * 15 cm = **11250 cm³**
Jede Murmel hat ein Volumen von 1,5 cm³.
Also passen insgesamt 11250 cm³ / 1,5 cm³ = **7500 Murmeln** in die große Kiste, die Heike im Keller gefunden hat.

x) Um auszurechnen, wie oft Du den ausgerollten Erdumfang (ca. 40000 km) hintereinanderlegen müsstest, um die Entfernung zwischen unserer Erde und unserer Sonne abzubilden, musst Du die Entfernung zwischen Erde und Sonne (ca. 149000000 km) durch die Strecke des Erdumfangs (ca. 40000 km) dividieren.
Also: 149000000 / 40000 = 3725.
Demnach müsstest Du den Erdumfang 3725 Mal hintereinanderlegen um eine Strecke abzubilden, die der Entfernung zwischen Erde und Sonne entspricht. Puh, das ist ganz schön viel, meinst Du nicht auch?!

y) Sofia startet mit Ihrem Fahrrad um 8:00 Uhr. Sie fährt durchgängig mit einer Geschwindigkeit von 20 km/h. Demnach hat sie bis 8:30 Uhr schon 10 km zurückgelegt. Wenn sie dann innerhalb der nächsten Viertelstunde mit durchgängig 16 km/ fährt, dann hat sie bis um 8:45 Uhr weitere vier Kilometer zurückgelegt, sodass es bis dahin insgesamt schon 14 Kilometer sind. Die nächsten 15 Minuten radelt sie mit einer Geschwindigkeit von 24 km/h, sodass weitere 6 Kilometer zurückgelegt werden. Demnach ergibt sich eine **Gesamtfahrtstrecke von 20 Kilometern**, die Sofia bis um 9:00 Uhr geschafft hat.

z) Das Gesamtgewicht des Postpaketes berechnet sich wie folgt:

1 Föhn   : 550 g
1 Vase   : 1750 g
4 Duschgel   : 700 g
2 Packungen Kekse   : 1650 g

                       4650 g (**4,65 kg**)
                       =============

Buchempfehlungen:

IQ-Training für Kinder (2019) – 3. verbesserte Neuauflage
ISBN-13: 9783749422692
Aribert Böhme
Erscheinungsdatum: April 2021
Erhältlich als Buch und als eBook.

IQ-Training für Kinder 2020
ISBN-13: 9783750411272
Aribert Böhme
Erscheinungsdatum: 09.03.2020
Erhältlich als Buch und als eBook.

IQ-Training für Kinder 2021
ISBN-13: 9783752627466
Aribert Böhme
Erscheinungsdatum: 20.10.2020
Erhältlich als Buch und als eBook.

IQ-Training für Kinder 2022
ISBN-13: 9783754373446
Aribert Böhme
Erscheinungsdatum: 04.10.2021
Erhältlich als Buch und als eBook.

IQ-Training für Kinder 2023
ISBN-13: 9783756235629
Aribert Böhme
Erscheinungsdatum: 21.11.2022
Erhältlich als Buch und als eBook.

IQ-Training für Kinder 2024
ISBN-13: 9783757890698
Aribert Böhme
Erscheinungsdatum: 16.10.2023
Erhältlich als Buch und als eBook.

Das große IQ-Trainingsbuch für Kinder
ISBN-13: 9783757889326
Aribert Böhme
Erscheinungsdatum: 03.04.2024
Erhältlich als Buch und als eBook.

Gedankensplitter
Nachdenkliches für achtsame Menschen
ISBN-13: 9783754372609
Aribert Böhme
Erscheinungsdatum: 20.10.2021
Erhältlich als Buch und als eBook.

Kontakt zum Autor:

Psychologische Beratung, Aribert Böhme

Psychologischer Berater (SGD-Dipl.) & Lerncoach

DV-Kfm. & EDV-Dozent & Autor

Mitglied im Who-is-Who Deutschland & Europa

E-Mail: Psychologische_Beratung_Boehme@gmx.de

Internet: www.aribertboehme.de

Privatunterricht im Raum Düsseldorf – Ratingen – Meerbusch - Hilden

Zielgruppe: Schüler*innen der Klassen 1 – 8 (alle Schulformen)

Fachbereiche: Mathematik, Deutsch, Englisch, Lerntechniken

Zusatzdienste: Lernpsychologische Beratung, Gedächtnistraining

Bundesweit verfügbar auch per Online-Unterricht (SKYPE).

Detaillierte Informationen: Psychologische_Beratung_Boehme@gmx.de

Notizen

Notizen

Notizen